Daniel Engelke

DIE KÜKENSCHULE

Bilder
von
Willy Mayrl

Ein lustiges Bilderbuch mit Versen
von Marianne Böck-Hartmann

Pestalozzi-Verlag, D 8520 Erlangen

Alle Tage, außer sonntags,
weckt mit lautem „Kikeriki"
Vater Hahn die Kükenkinder –
und zwar schon um sechs Uhr früh.
Fröhlich waschen die den Schlaf sich
aus den Augen mit dem Schwamm;
und dann ordnen sie voll Sorgfalt
sich den Flaum mit einem Kamm.
„Kicki, achte auf die Hefte!"
Mutter Henne ruft's ihm nach –
doch die schönen Fleißaufgaben
schwimmen leider schon im Bach.

Zur
KÜKENSCHULE

Manchmal ist der Weg der Küken
hin zur Schule recht beschwerlich,
und der vielen Autos wegen
auch mitunter sehr gefährlich.
Kicki achtet gut auf Piepschen,
seine Schwester, wie's gehört,
und er schaut nach links und rechts auch,
eh' die Straß' er überquert.
Treffen sie Herrn Hahn, den Lehrer,
auf dem Schulweg, dann macht fix
Kicki höflich einen Diener
und das Piepschen einen Knicks.

Gleich schlägt's acht! Und vor dem Schultor
trifft nun ein die Kükenschar;
Stupsi aus dem Nachbardörfchen
kommt mit einem Dreirad gar.
Piepschens Freundin ruft von weitem:
„Bin ich früh genug daran?"
Denn sie weiß, Herr Hahn, der Lehrer,
fängt Punkt acht die Schule an.
Schul-Hausmeister ist Herr Mäusle!
Er ist tüchtig und recht klug,
waltet fleißig seines Amtes –
Arbeit hat er grad genug!

KÜKEN-
SCHULE

„Aufgepaßt, ihr Kükenkinder!
Heute in der ersten Stunde
halte ich, denn das ist wichtig,
Unterricht in Katzenkunde."
Und es zeichnet an die Tafel
eine Katze nun Herr Hahn.
„Dieses Tier", so sagt er, „ist euch
leider nicht sehr zugetan."
Und dann fragt er: „Welche Tiere
haben auch recht Angst vor Katzen?"
Eifrig rufen alle Küken:
„Mäuse sind es und auch Spatzen!"

STUPSI

Sind die Küken mal erwachsen
und Frau Henne und Herr Hahn,
sieht man, ob sie in der Schule
immer fleißig mitgetan.
Meister Quakedei kommt täglich,
dirigiert, und ganz exakt
piepsen, gackern, krähn die Küken
fröhlich im Dreivierteltakt.
Und dann spielt Herr Hahn die Geige:
„Dideldei und dudelditt" –
bei so einer Sangesstunde
täte man am liebsten mit.

Auch im Sport ist unsren Küken
manche Leistung schon gelungen,
doch so hoch wie heut der Kicki
ist bisher noch keins gesprungen.
Piepschens Freundin aber hat das
Turnen an den Ringen los;
über'n Bock dagegen springt jetzt
Glucki — und er springt famos.
Auch im Federball hat man schon
manches Spielchen ausgetragen;
Stupsi ist darin ein Meister
und bis jetzt noch ungeschlagen.

Zwischendurch ist dann mal Pause,
und das freut die Küken sehr;
vespern, spielen oder laufen
hinter flinken Reifen her.
Nach der Pause lernen fleißig
sie das Einmaleins mit vier,
doch als dann die Glocke bimmelt,
sind sie auch schon an der Tür.
Vor dem Schulhaus steht und wartet
schon Herr Schnatterich, er weiß:
Küken schlecken zwischendurch mal
auch recht gern ein Himbeereis.

EIS

Auf dem Heimweg spielen manchmal
unsre Küken „Blindekuh",
und es geht dann auf der Wiese
vor dem Dorf recht munter zu.
Ei! das ist ein lustig Piepsen
und ein emsig Her und Hin –
keines denkt ans Einmaleins jetzt,
nur das Spiel hat man im Sinn.
Heute gab es nun das Zeugnis,
und da steht es schwarz auf weiß,
was im Lesen und im Rechnen
jedes hat, und auch im Fleiß.

Gute Noten hat das Piepschen,
auch die von Kicki sind nicht schlecht.
Nur seine Note im Betragen
ist den Eltern gar nicht recht.
Doch nun sind die großen Ferien!
Alle Küken freun sich sehr;
noch im Schulanzug holt Kicki
sich sein liebstes Spielzeug her.
Als Frau Sonne früh um sechs Uhr
diesmal in die Stube schaut,
liegt alles friedlich noch im Bette,
und Vater Hahn schnarcht ziemlich laut.

Recht verlassen liegt das Schultor,
nirgendwo ein Kükenkind;
nur zwei Käfer stehn davor und
lesen, daß nun Ferien sind.
Weit und breit ist kein Herr Mäusle,
nirgends ist Herr Hahn zu sehn.
Da bleibt uns wohl auch nichts übrig,
als nun brav nach Haus zu gehn.